S. Balamurugan

Princípios da computação de ponta e de nevoeiro

S. Balamurugan

Princípios da computação de ponta e de nevoeiro

ScienciaScripts

Imprint

Any brand names and product names mentioned in this book are subject to trademark, brand or patent protection and are trademarks or registered trademarks of their respective holders. The use of brand names, product names, common names, trade names, product descriptions etc. even without a particular marking in this work is in no way to be construed to mean that such names may be regarded as unrestricted in respect of trademark and brand protection legislation and could thus be used by anyone.

Cover image: www.ingimage.com

This book is a translation from the original published under ISBN 978-620-2-31382-7.

Publisher:
Sciencia Scripts
is a trademark of
Dodo Books Indian Ocean Ltd. and OmniScriptum S.R.L publishing group

120 High Road, East Finchley, London, N2 9ED, United Kingdom
Str. Armeneasca 28/1, office 1, Chisinau MD-2012, Republic of Moldova, Europe
Printed at: see last page
ISBN: 978-620-7-98903-4

SOBRE O AUTOR

O Dr. S. Balamurugan é Diretor de Investigação e Desenvolvimento na Mindnotix Technologies, Índia. **Publicou** mais de **150 artigos** em várias revistas e conferências internacionais e **é autor ou coautor de 12 livros.** Atualmente, está a trabalhar na autoria de mais três livros. Como Diretor de Investigação e Desenvolvimento na Mindnotix, ele e a sua equipa ganharam o **CSI Young IT Professional Award 2017 para a Região 7, apresentado pela Computer Society of India**, Coimbatore Chapter. Recebeu também o **prémio de melhor investigador** da IARA, o **certificado de excecionalidade** da ASDF, **o prémio de jovem cientista** e **o prémio de melhor jovem investigador**. Recebeu um **doutoramento honorário** pela sua contribuição significativa para a investigação e o desenvolvimento na sociedade e foi selecionado para o **prémio de melhor diretor de 2018**. Durante os seus estudos de bacharelato no PSG College of Technology, na Índia, desempenhou as funções de secretário-adjunto da ITA. Entre 2013 e 2016, conduziu um projeto de consultoria na área da saúde para os Hospitais VGM e os seus actuais projectos de investigação incluem **"Women Empowerment using loT"**, **"Health-Aware Smart Chair"**, **"Advanced Brain Simulators for Assisting Physiological Medicine"**, **"Designing Novel Health Bands"** e "IoT -based Devices for Assisting Elderly People". As suas actividades profissionais incluem funções como co-editor, membro do conselho editorial e/ou revisor em **mais de 100 revistas e conferências internacionais e em 2 editoras de livros.** Foi presidente de sessão convidado em mais de 25 conferências, bem como **convidado principal/gestor de recursos.**

Membro de muitos colégios filiados na Universidade de Anna e na Universidade de Bharathiyar. A sua biografia consta do **"World Book of Researchers" 2018, Oxford, Reino Unido, e da edição de 2018 do "Marquis WHO'S WHO", Nova Jérsia, EUA.** Os seus interesses de investigação incluem a modelação de objectos, a realidade aumentada, a Internet das Coisas, a análise de grandes volumes de dados, a computação FOG e a computação vestível. É membro vitalício da ACM, IEEE, ISTE e CSI. É autor de um capítulo num livro internacional **"Information Processing" publicado pela I.K. International Publishing House Pvt. Utd, Nova Deli**, Índia, 978-81-906942-4-7. É autor de 4 livros intitulados **"Principles of Social Network Data Security"**, ISBN: 978-3-659-61207-7 e **"Principles of Scheduling in FOG Computing"**, ISBN: 978-3-639-66950-3 e **"Principles of Database Security"**, ISBN: 978-3-639-76030-9, **"Principles of Security in FOG Computing"**, ISBN: 978-3-639-51864-1

AGRADECIMENTOS

O autor está sempre grato a Deus pela sua perseverança.

O Dr. Balamurugan gostaria de agradecer ao seu pai, o Sr. M. Shanmugam, e à sua mãe, a Sra. Sarojini, e a todos os membros da família pelo seu apoio. Gostaria de agradecer à sua mulher e melhor amiga, a Sra. S. Charanyaa, por lhe ter dado uma nova esperança e o ter apoiado em todos os seus esforços. Toda a sua gratidão vai para a sua mulher, que o tem acompanhado nos altos e baixos da vida, nos bons e maus momentos, e agora na jornada de escrever este livro. Agradece às suas irmãs, a Sra. S. Amudha e a sua família, e a Dra. S. Geetha e a sua família pelo seu apoio. Agradece também ao seu sogro, Sr. K.S.Subramaniam, e à sua sogra, Sra. S.Varalakshmi, pelo seu apoio. Os seus agradecimentos especiais vão para o seu cunhado, Sr. S. Vivek, e para a sua família por o terem sempre motivado para o sucesso.

O Dr. Balamurugan gostaria de agradecer ao seu melhor amigo, o Sr. S. Sathish Kumar, fundador e Diretor Executivo da Mindnotix Technologies, Coimbatore, Índia, pelo seu apoio moral incondicional, pelos valiosos conhecimentos que forneceu e pela disponibilização de instalações e bancos de ensaio em tempo real para observar os aspectos práticos da modelação de objectos. Gostaria também de agradecer à equipa de gestão da Mindnotix Technologies, Coimbatore, Índia, pelo seu apoio.

O Dr. Balamurugan gostaria de agradecer à sua mulher e melhor amiga, a Sra. S. Charanyaa, e ao seu filho, o Mestre B. Surya, que considera a melhor parte da sua vida, pela sua paciência quando passava a maior parte do tempo a trabalhar em livros.

CAPÍTULO 1

INTRODUÇÃO

1.1 Visão geral

A computação FOG é uma tecnologia da Internet que utiliza servidores remotos centralizados e a Internet para gerir dados e aplicações. Esta tecnologia permite que muitas empresas e utilizadores utilizem os dados e as aplicações sem instalação. Os utilizadores e as empresas podem aceder às informações e aos ficheiros a partir de qualquer sistema informático com uma ligação à Internet. A computação FOG permite um processamento de dados muito mais eficaz através da centralização da memória, do processamento, do armazenamento e da largura de banda. A computação FOG é um termo que descreve uma tecnologia que distribui serviços informáticos fora de um cliente local. Trata-se de um modelo de distribuição poderoso para as empresas, porque transfere o investimento do desempenho da rede "just in case" para o "pagamento pela utilização", maximizando o desempenho dos seus utilizadores e evitando o processamento de rede não utilizado. A computação FOG é uma tecnologia da Internet que utiliza servidores remotos centrais e a Internet para gerir dados e aplicações. Esta tecnologia permite que muitas empresas e utilizadores utilizem dados e aplicações sem instalação.

Os utilizadores e as empresas podem aceder às informações e aos ficheiros a partir de qualquer sistema informático com ligação à Internet. A computação FOG permite um processamento de dados muito mais eficaz através da centralização da memória, do processamento, do armazenamento e da largura de banda. O processo da tecnologia de computação FOG divide-se em três segmentos. Plataforma, aplicações e infraestrutura são os três segmentos desta tecnologia. Cada parte desempenha numerosas funções e oferece aplicações para particulares e empresas em todo o mundo

1.2 Segmentos

Aplicações - A pedido

- Infra-estruturas

- Plataforma

1.2.1 Aplicações a pedido

O segmento das aplicações é a única parte da tecnologia da Internet que provou ser um modelo de negócio útil. Ao aceder a muitas aplicações empresariais e individuais em toda a FOG a partir de um servidor centralizado, a maioria das empresas pode poupar custos significativos. Por outro lado, as aplicações a pedido têm diferentes variações de preços e de como as aplicações ITernet são entregues aos clientes.

1.2.2 Infra-estruturas

A infraestrutura é a espinha dorsal de todo o conceito desta tecnologia. Todos os fornecedores de infra-estruturas permitem que os utilizadores criem as suas próprias aplicações FOG. O S3 da Amazon é considerado um segmento do segmento de infra-estruturas.

1.2.3 Plataforma

A maior parte das empresas que oferecem vários serviços e aplicações a pedido desenvolveram três plataformas de serviços. São eles a infraestrutura como serviço, a plataforma como serviço e o software como serviço.

Existem vários tipos de computadores públicos FOG:

- Infraestrutura como um serviço (IaaS)
- Plataforma como um serviço (PaaS)
- Software como um serviço (SaaS)
- Armazenamento como um serviço (STaaS)
- Segurança como um serviço (SECaaS)
- Dados como um serviço (DaaS)
- Ambiente de teste como um serviço (TEaaS)

- Ambiente de trabalho como serviço (DaaS)

- API como um serviço (APIaaS)

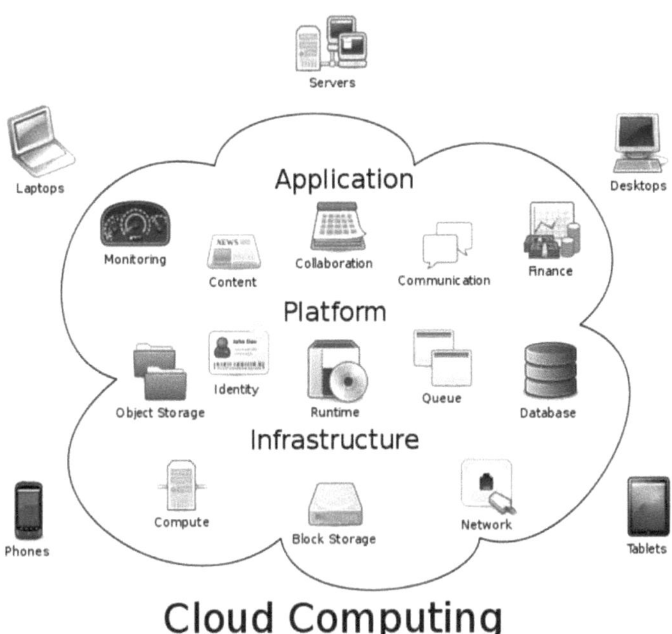

Fig. 1.1

1.3 Sistema atual

O paradigma da informática alterou significativamente o nível de risco das aplicações dos utilizadores, nomeadamente devido às falhas que ocorrem nos centros de dados. No entanto, estas falhas têm um impacto importante nas aplicações implantadas em máquinas virtuais, levando a um aumento. A forma tradicional de obter software fiável e altamente disponível consiste em utilizar métodos de tolerância a falhas durante a aquisição e o desenvolvimento. Isto significa que os utilizadores têm de compreender as técnicas de tolerância a falhas e personalizar as suas aplicações tendo em conta os parâmetros específicos do ambiente na fase de conceção. No entanto, para as aplicações a utilizar no ambiente de computação FOG, é difícil conceber uma solução holística de tolerância a falhas que combine eficazmente o comportamento da aplicação em relação às falhas e a arquitetura do sistema.

Imparidades

- Elevada complexidade do sistema

- Camadas de abstração da computação FOG que fornecem aos utilizadores informações limitadas sobre a infraestrutura subjacente.

- O armazenamento de cópias de dados sob a forma de réplicas num único nó é arriscado.

1.4 Sistema proposto

No sistema proposto, os mecanismos de tolerância a falhas são definidos como módulos independentes, de modo a que cada módulo possa atuar de forma transparente nas aplicações dos utilizadores. Em seguida, enriquecemos cada módulo com um conjunto de metadados que caracterizam as suas propriedades de tolerância a falhas e utilizamos os metadados para selecionar mecanismos que satisfaçam os requisitos do utilizador: 1) fornecer uma solução abrangente de tolerância a falhas para as aplicações do utilizador através da combinação de mecanismos de tolerância a falhas selecionados e 2) determinar as propriedades de uma solução de tolerância a falhas através da monitorização em tempo de execução. Com base na abordagem proposta, desenvolvemos uma estrutura que pode ser facilmente integrada na infraestrutura FOG existente e facilita a oferta de tolerância a falhas por terceiros como um serviço. A nossa estrutura destina-se a ser inserida como uma camada de serviço dedicada entre as aplicações do cliente e o hardware, trabalhando diretamente em cima do Gestor de Máquinas Virtuais ao nível da instância da VM. O Gestor de Tolerância a Falhas aborda o problema da heterogeneidade dos recursos informáticos, cumpre o objetivo de fornecer, de forma transparente, suporte de tolerância a falhas às aplicações dos utilizadores em caso de falhas nos nós e cumpre os objectivos de escalabilidade e interoperabilidade. Para responder a estes desafios, propomos desenvolver o Gestor de Tolerância a Falhas de acordo com os princípios da arquitetura orientada para os serviços.

Vantagens

- Ao atribuir réplicas, consegue-se uma granularidade mais fina de arquivos e recursos.

- Não requer mais tempo para as transacções e pode ser realizado de forma eficiente.

- Os pedidos de informação dos clientes podem ser respondidos de forma eficiente e atempada.

1.4.1 Problemas

- Utilização partilhada de recursos

- Tolerância a falhas

- Gestão da memória

- Otimização dos custos

- Gestão da segurança

- Na entrega

REVISÃO DA LITERATURA

2.1 Caracterização da fiabilidade do hardware de computação FOG

Os centros de dados modernos alojam centenas de milhares de servidores que coordenam tarefas para fornecer serviços de computação FOG altamente disponíveis. Estes servidores são constituídos por vários discos rígidos, módulos de memória, placas de rede, processadores, etc., qualquer um dos quais pode falhar apesar de uma conceção cuidadosa. Embora a probabilidade de uma falha deste tipo durante o tempo de vida de um servidor (normalmente 3 a 5 anos na indústria) seja bastante baixa, este número é multiplicado para todo o equipamento alojado num centro de dados. Numa escala tão grande, a falha de componentes de hardware é a regra e não a exceção. As falhas de hardware podem levar à degradação do desempenho para os utilizadores finais e a perdas para a organização. Uma boa compreensão dos números e das causas destas falhas ajuda a melhorar a experiência operacional, não só por estarmos mais bem equipados para lidar com as falhas, mas também para reduzir os custos de hardware através de medidas técnicas, resultando diretamente numa poupança para a organização. Tanto quanto sabemos, este artigo é a primeira tentativa de examinar as falhas de servidores e as reparações de hardware em grandes centros de dados. Apresentamos uma análise detalhada das caraterísticas das falhas, bem como uma análise preliminar da previsão de falhas. Esperamos que os resultados apresentados neste artigo sirvam de motivação para mais investigação nesta área.

2.2 Uma abordagem concetual abrangente ao nível do sistema para a tolerância a falhas na computação FOG

A tolerância a falhas, a fiabilidade e a resiliência são de importância primordial na computação FOG para garantir um funcionamento contínuo e resultados corretos, mesmo quando está presente um determinado número máximo de componentes defeituosos. A maior parte da investigação e das implementações existentes centra-se em soluções específicas da arquitetura para introduzir a tolerância a falhas. Isto significa que os utilizadores têm de personalizar as suas aplicações tendo em conta as caraterísticas de tolerância a falhas específicas do ambiente. Esta necessidade conduz a ambientes FOG não transparentes e inflexíveis, que constituem um fardo demasiado pesado para os programadores e utilizadores. Este documento apresenta uma perspetiva inovadora para a criação e gestão da tolerância a falhas que protege os pormenores de implementação das técnicas de fiabilidade dos utilizadores, utilizando uma camada de serviço dedicada. Desta forma, os utilizadores podem definir e aplicar o nível desejado de tolerância a falhas sem necessitarem de conhecimentos de implementação.

2.3 Middleware de tolerância a falhas para computação FOG

O middleware LLFT (Low Latency Fault Tolerance - tolerância a falhas de baixa latência) fornece tolerância a falhas para aplicações distribuídas implantadas num ambiente de computação ou centro de dados FOG, utilizando a abordagem de replicação líder/seguidor. O middleware LLFT é composto por um protocolo de mensagens de baixa latência, um protocolo de adesão determinado pelo líder e um quadro de determinador virtual. O Protocolo de Mensagens fornece um serviço de entrega de mensagens adesivo e totalmente ordenado, utilizando um multicast direto de grupo para grupo, em que a ordem é determinada pela réplica primária no grupo. O Protocolo de Associação fornece um serviço rápido de reconfiguração e recuperação quando uma réplica se torna defeituosa e quando uma réplica se junta ou deixa um grupo. O Virtual Determiniser Framework capta informações de ordenação na réplica primária e impõe a mesma ordenação nas réplicas de reserva para as principais fontes de indeterminação. O middleware LLFT garante uma elevada consistência das réplicas, proporciona transparência às aplicações e atinge uma baixa latência de ponta a ponta.

2.4 Orquestração de recursos FOG: uma abordagem centrada nos dados

A computação FOG oferece aos utilizadores um acesso quase instantâneo a recursos aparentemente ilimitados e aos fornecedores de serviços a oportunidade de oferecer aos seus clientes uma infraestrutura de TI complexa como um serviço. Os fornecedores beneficiam das economias de escala e dos ganhos de multiplexagem que resultam da partilha de recursos através da virtualização da infraestrutura física subjacente. No entanto, a escala e a natureza altamente dinâmica das plataformas FOG colocam os fornecedores de serviços FOG perante novos desafios significativos. Em particular, a realização de serviços FOG sofisticados exige um quadro de controlo FOG que possa orquestrar o aprovisionamento, a configuração, a utilização e a desativação de recursos FOG num conjunto distribuído de recursos físicos. Este documento propõe uma abordagem centrada nos dados para a orquestração FOG. Seguindo esta abordagem, os recursos FOG são modelados como dados estruturados que podem ser consultados com uma linguagem declarativa e actualizados com uma semântica transacional bem definida. Exploramos a viabilidade, as vantagens e os desafios desta abordagem e apresentamos a nossa conceção e protótipo de implementação do quadro de gestão centrado nos dados (DMF) como solução, com modelos de dados, linguagens de consulta e semântica especificamente concebidos para orquestrar recursos FOG.

2.5 Uma abordagem baseada em modelos para certificar a fiabilidade dos serviços

Apresentamos um sistema de certificação de fiabilidade em que os serviços são modelados como cadeias de Markov em tempo discreto. É emitido um certificado legível por máquina para o serviço depois de as suas propriedades de fiabilidade terem sido verificadas, e a validade do certificado é verificada por monitorização contínua em tempo de execução. Além disso, apresentamos uma solução que permite aos utilizadores procurar e selecionar serviços com um determinado conjunto de propriedades de fiabilidade. A nossa solução está integrada nas arquitecturas orientadas para os serviços (SOA) existentes e permite a validação das preferências do utilizador durante a pesquisa e a execução.

CAPÍTULO 3

REQUISITOS PARA O SISTEMA DE NEBULIZAÇÃO

3.1 Requisitos de hardware

Tabela:3.1

S.NO	CONTENT	REQUIREMENTS
1	PROCESSOR	PENTIUM 1GB Min,2GB Recommended.
2	RAM	20GB Min,40GB Recommended.
3	KEYBOARD	STANDARD 102 KEYS
4	MOUSE	OPTICAL MOUSE

3.2 Requisitos de software

Quadro n.º:3.2

S.NO	CONTENT	REQUIREMENTS
1	LANGUAGE	JAVA
2	DATABASE	MY SQL-SERVER 2005
3	OPERATING SYSTEM	Windows XP or Windows 7 with 32bit

CAPÍTULO 4

CONCEPÇÃO DE UM SISTEMA DE NEVOEIRO

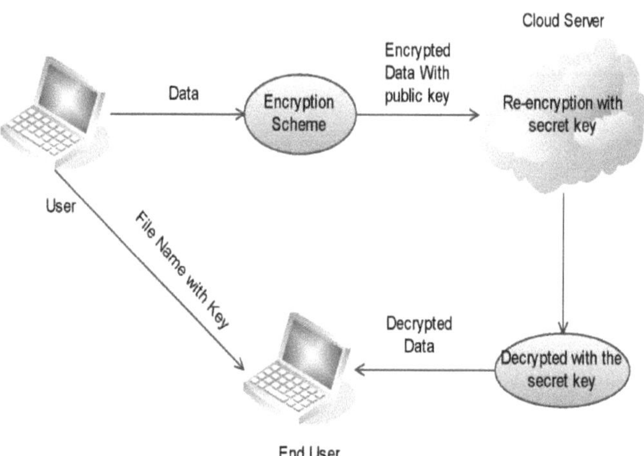

4.1 Arquitetura do sistema

Fig. 4.1

4.2 Diagrama de fluxo de dados: conceção do sistema

Um diagrama de fluxo de dados é uma ferramenta gráfica utilizada para descrever e analisar o movimento de dados através de um sistema. A transformação dos dados de entrada em saída através do processamento pode ser descrita de forma lógica e independente dos componentes físicos do sistema. Estes diagramas são designados por diagramas lógicos de fluxo de dados. Os diagramas de fluxo de dados físicos mostram os dispositivos reais e o movimento de dados entre pessoas, departamentos e estações de trabalho.

New login
User Registration
Login
Login
User Log Server
Read only file
File select
Storage
View
fragment
V_status
File View
Select File
Delete
f_transaction
Secret key
Receiver

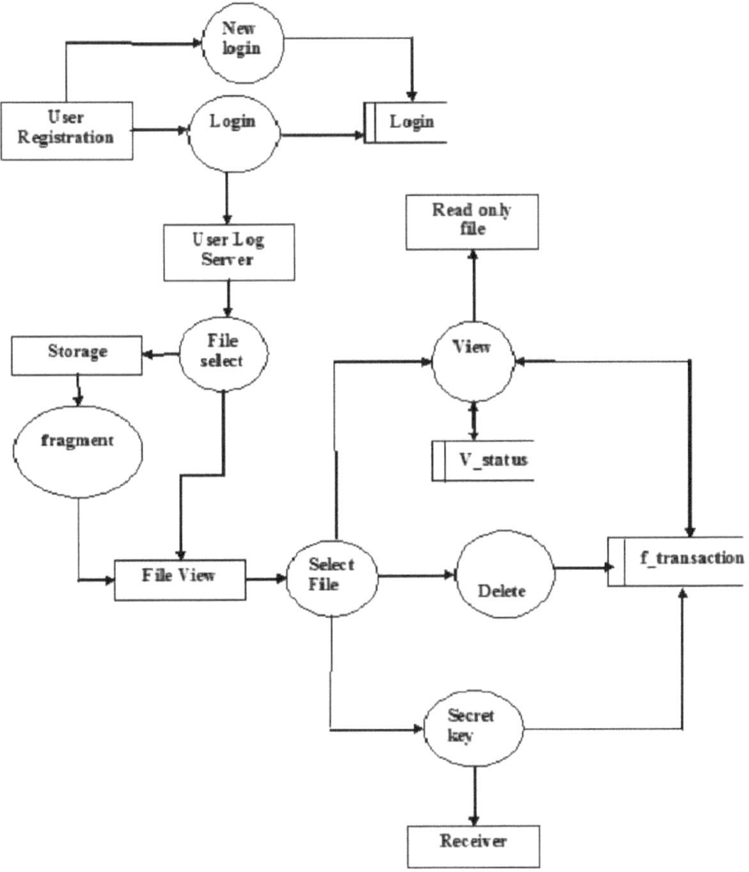

Fig. 4.2

CAPÍTULO 5

DESCRIÇÃO DO SISTEMA DE NEVOEIRO

5.1 Descrição do módulo

- Autenticação do utilizador
- Estrutura de uma memória de dados FOG
- Atribuição de réplicas e encriptação de dados
- Tolerância a falhas
- Recuperação de dados

1.1.1 Autenticação do utilizador

A autenticação do utilizador é o processo de verificação da identidade através do qual se tenta provar que um utilizador é quem diz ser. Para que um utilizador prove a sua identidade, tem de fornecer alguma forma de prova de identidade que o seu sistema compreenda e em que confie. O processo de autenticação começa com a criação de uma instância do contexto de início de sessão. Estão disponíveis vários construtores; o exemplo utiliza a variante Login Context. O primeiro parâmetro é o nome (que serve como um índice para a pilha do módulo de login configurado no arquivo de configuração), e o segundo parâmetro é um manipulador de retorno de chamada que é usado para passar informações de login para o servidor de log. O manipulador de retorno de chamada tem um método handle que passa as informações necessárias para o servidor de registo.

O exemplo utiliza um manipulador muito simples que armazena o nome de utilizador e a palavra-passe numa variável de instância para que possam ser transmitidos pelo servidor de registo quando o método handle é chamado. Também é possível criar chamadas de retorno que interagem com o utilizador para obter as credenciais do utilizador e passar esta informação para o servidor de registo para autenticação.

1.1.2 Estrutura de uma memória de dados FOG

A camada de dados utiliza o serviço de armazenamento oferecido pelo IP para armazenar e recuperar os dados dos seus clientes, enquanto a camada de aplicação utiliza o serviço de computação do IP para processar as suas operações e responder aos pedidos dos clientes. Esta arquitetura do sistema permite que o serviço bancário cumpra os seus diferentes requisitos comerciais em termos de escalabilidade e elasticidade dos recursos informáticos. No entanto, quando se utilizam métodos tradicionais, as caraterísticas de tolerância a falhas do serviço bancário mantêm-se constantes ao longo do seu ciclo de vida. Do ponto de vista do cliente, é portanto mais fácil estabelecer contacto com o SP, especificar os seus requisitos de fiabilidade e disponibilidade com base nas necessidades comerciais e obter de forma transparente as caraterísticas de tolerância a falhas desejadas para as suas aplicações. Do mesmo modo, o estado de funcionamento das ligações de rede e das instâncias de VM deve ser mantido pelo gestor de recursos. Salientamos que a base de dados e o gráfico de recursos são essenciais para o fornecedor de serviços garantir o comportamento correto dos mecanismos de tolerância a falhas.

1.1.3 Atribuição de réplicas e encriptação de dados

Este componente suporta os mecanismos de replicação invocando réplicas e gerindo a sua execução de acordo com os requisitos do cliente. Referimo-nos ao conjunto de instâncias de VM controladas por uma única implementação de um mecanismo de replicação como um grupo de réplicas. Cada réplica de um grupo pode ser identificada de forma única e é definido um conjunto de regras R que devem ser cumpridas por um grupo de réplicas. A tarefa do gestor de réplicas consiste em garantir que o cliente entenda um grupo de réplicas como um único serviço e que as réplicas sem erros apresentem um comportamento correto durante o tempo de execução. Para suportar um mecanismo de replicação, o chamador da replicação começa por considerar os parâmetros de replicação desejados, como o tipo de replicação (ativa, passiva, passiva fria, passiva quente), o número de réplicas e as restrições sobre a colocação relativa de cada réplica e forma o grupo de réplicas. Por outras palavras, o chamador de réplicas recebe a referência de uma aplicação cliente como entrada do kernel do FTM, analisa as propriedades de tolerância a falhas esperadas e interage com o gestor de recursos para obter a localização de cada réplica. Os dados carregados pelo cliente são encriptados para armazenamento seguro no FOG.

Os dados encriptados são armazenados em vários servidores virtuais com fragmentos.

1.1.4 Tolerância a falhas

A tarefa de fornecer tolerância a falhas como um serviço exige que o fornecedor de serviços realize mecanismos genéricos de tolerância a falhas para que as aplicações do cliente implantadas em instâncias de máquinas virtuais possam obter propriedades de tolerância a falhas de forma transparente. Para o efeito, definimos *ft-unit* como o módulo básico que aplica um mecanismo coerente de tolerância a falhas a uma falha recorrente do sistema na granularidade de uma instância de VM. O termo ft-unit baseia-se na observação de que o impacto das falhas de hardware nas aplicações cliente pode ser gerido através da aplicação de mecanismos de tolerância a falhas diretamente na camada de virtualização e não na própria aplicação. Por exemplo, a tolerância a falhas do serviço bancário pode ser aumentada através da replicação de toda a instância da VM, em que a camada de aplicação está implantada em vários nós físicos, e as falhas do servidor podem ser detectadas utilizando algoritmos conhecidos de deteção de falhas, como o protocolo heartbeat. Os componentes primários e de backup são executados em instâncias de VM que são independentes da camada de aplicação do serviço bancário. A fase de conceção começa quando um cliente solicita ao fornecedor de serviços que forneça suporte de tolerância a falhas às suas aplicações. Nesta fase, o provedor de serviços deve primeiro analisar os requisitos do cliente, combiná-los com as ft-units disponíveis e criar uma solução completa de tolerância a falhas usando as ft-units apropriadas. Note-se que cada unidade de ft oferece um conjunto único de propriedades de tolerância a falhas que podem ser caracterizadas pelos seus atributos funcionais, operacionais e estruturais.

1.1.5 Recuperação de dados

O módulo de recuperação de dados descreve a recuperação de dados de vários servidores virtuais que apenas autenticam o utilizador. Os dados são encriptados com fragmentos em diferentes servidores virtuais. Os dados são recuperados de diferentes servidores virtuais, combinados e convertidos num formato desencriptado. Os dados desencriptados são adicionados aos dados originais para extração do utilizador. O objetivo deste componente é obter resiliência a nível do sistema, minimizando o tempo de inatividade do sistema em caso de falhas. Para o efeito, este componente suporta ft-units que realizam mecanismos de recuperação para que um nó propenso a erros possa ser restaurado para um modo de funcionamento normal.

CAPÍTULO 6

FLUXO DE DADOS NA COMPUTAÇÃO EM NEVOEIRO

DFD:Nível 0

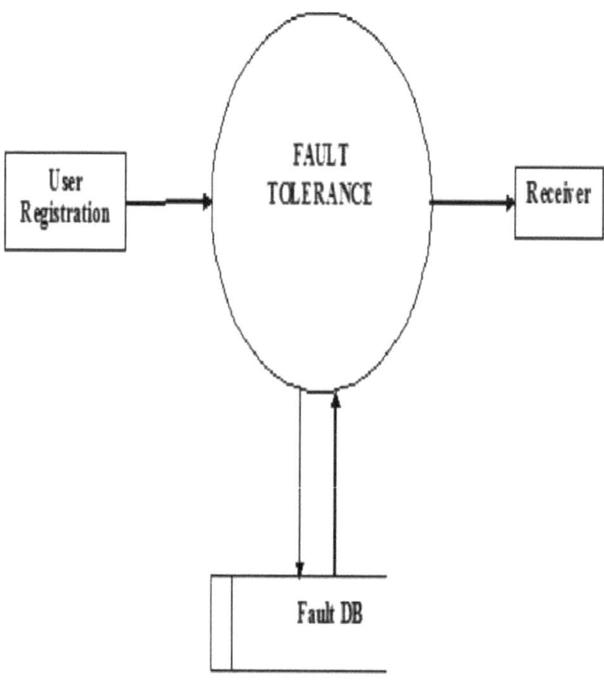

Fig. 6.29

DFD:Nível 1

New
login
User
Registration
Login
Login
User Log
Server
File
select
Chec
k
f_transaction
Cloud Storage
Fragmen
t
V_status

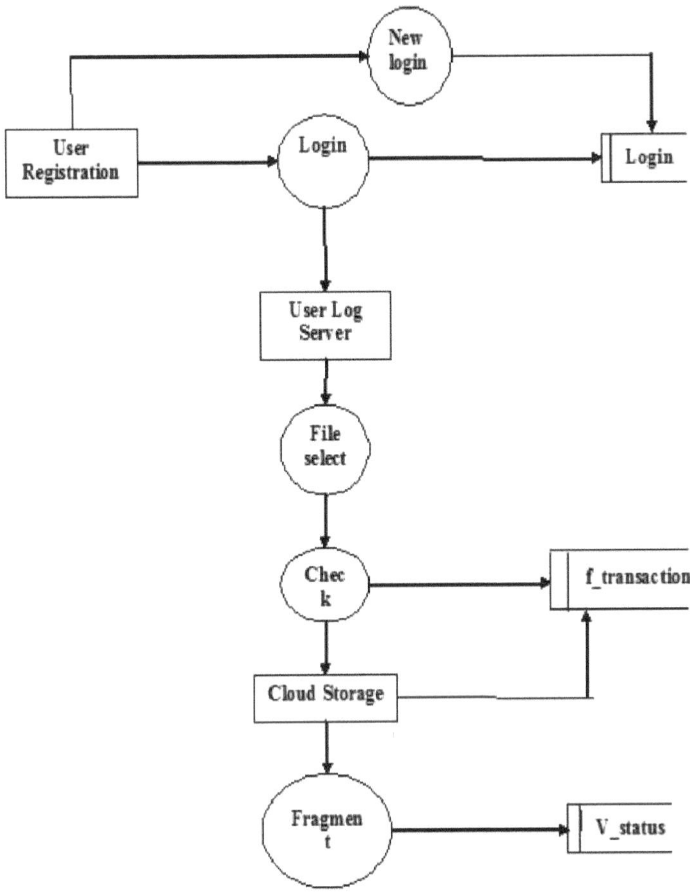

Fig. 6.2

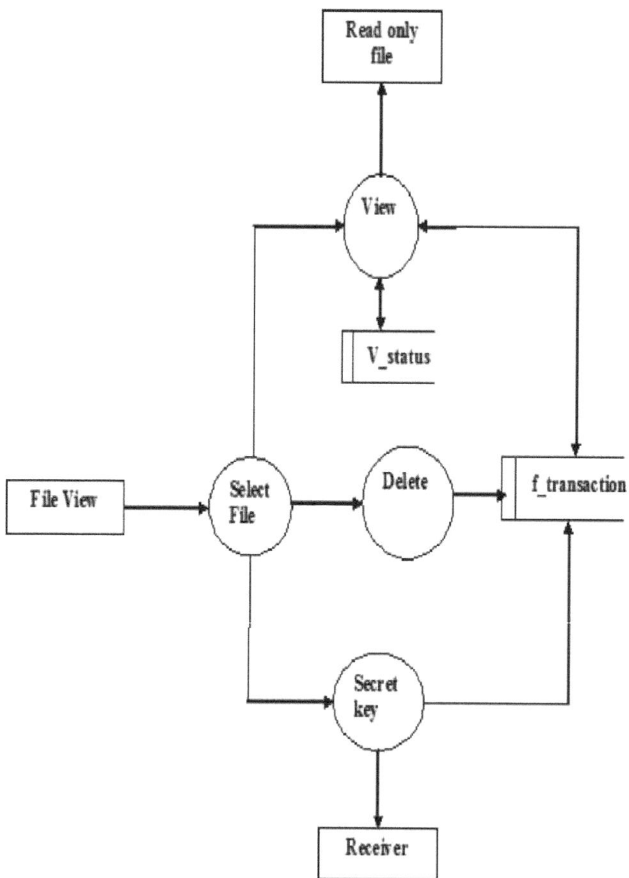

Read only
file
View
V_status
File View
Select
File
Delete
f_transaction
Secret
key
Receiver

Receiver
Login
Secret key
verification
f_transaction
Receiver
File View
Select
File
View File

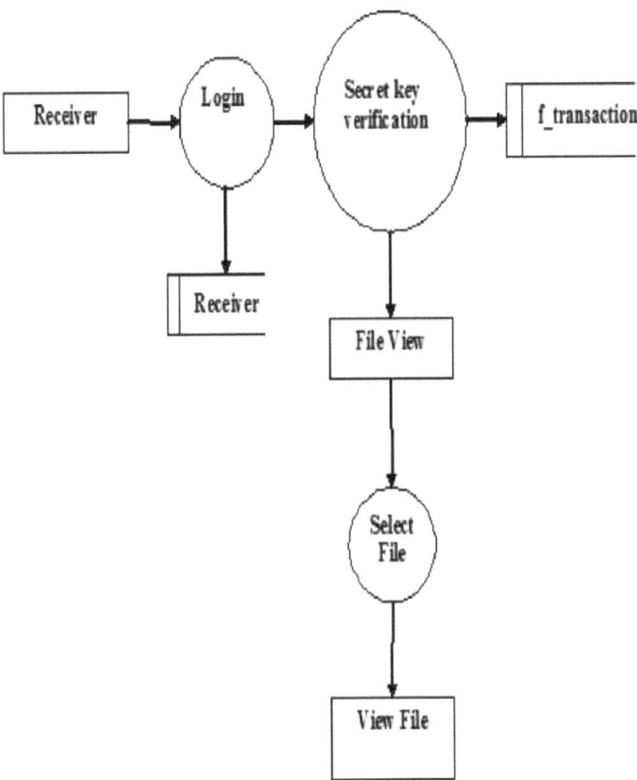

Fig. 6.4

CAPÍTULO 7

COMPUTAÇÃO EM NEVOEIRO: DESCRIÇÃO DO SOFTWARE

7.1 Tecnologia Java

A tecnologia Java é simultaneamente uma linguagem de programação e uma plataforma.

7.1.1 A linguagem de programação Java

A linguagem de programação Java é uma linguagem de alto nível que pode ser caracterizada por todas as palavras-chave seguintes:

- Simples

- Arquitetura neutra

- Orientado para objectos

- Portátil

- Distribuído

- Alto desempenho

- Interpretado

- Multithreading

- Robusto

- Dinâmico

- Seguro

Na maioria das linguagens de programação, é necessário compilar ou interpretar um programa para o poder executar no computador. A linguagem de programação Java é invulgar na medida em que um programa é simultaneamente compilado e interpretado.

Utilizando o compilador, começa-se por traduzir um programa para uma linguagem intermédia, os códigos de bytes Java - os códigos independentes da plataforma que são interpretados pelo intérprete na plataforma Java. O intérprete analisa as instruções individuais do código de bytes Java e executa-as no computador, compilando-as apenas uma vez e interpretando-as de cada vez que o programa é executado. O diagrama seguinte ilustra o funcionamento deste processo.

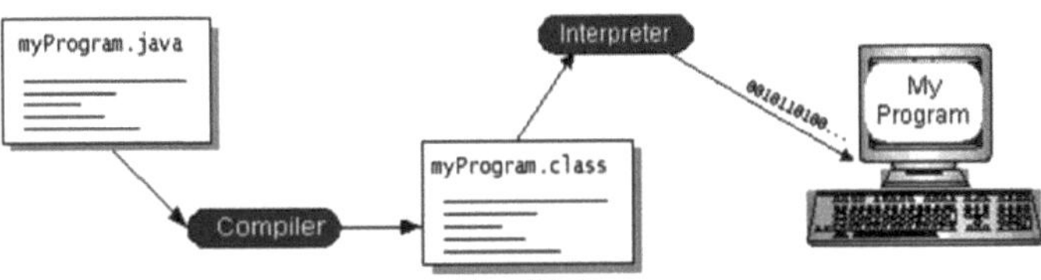

Fig. 7.1.1

Pode pensar nos bytecodes Java como as instruções de código de máquina para a máquina virtual Java (Java VM). Cada interpretador Java, quer se trate de uma ferramenta de desenvolvimento ou de um navegador Web que pode executar applets, é uma implementação da Java VM. Os bytecodes Java contribuem para o facto de ser possível "escrever uma vez, executar em qualquer lugar". Pode compilar o seu programa em bytecodes em qualquer plataforma que tenha um compilador Java. Os bytecodes podem então ser executados em qualquer implementação da Java VM. Isto significa que, desde que um computador tenha uma VM Java, o mesmo programa escrito na linguagem de programação Java pode ser executado no Windows 2000, numa estação de trabalho Solaris ou num iMac.

7.1.2 A plataforma Java

Uma plataforma é o ambiente de hardware ou software em que um programa é executado. A plataforma Java distingue-se da maioria das outras plataformas pelo facto de ser uma plataforma de software puro que funciona noutras plataformas baseadas em hardware.

A plataforma Java é constituída por dois componentes:

- A máquina virtual Java (Java VM)

- A interface de programação de aplicações Java (API Java) Já se familiarizou com a Java VM. É a base da plataforma Java e é portada para várias plataformas baseadas em hardware.

A API Java é uma grande coleção de componentes de software pré-construídos que fornecem muitas funções úteis, como widgets para a interface gráfica do utilizador (GUI). A API Java está agrupada em bibliotecas de classes e interfaces relacionadas; estas bibliotecas são designadas por pacotes A figura seguinte mostra um programa executado na plataforma Java. Como mostra a figura, a API Java e a máquina virtual isolam o programa do hardware.

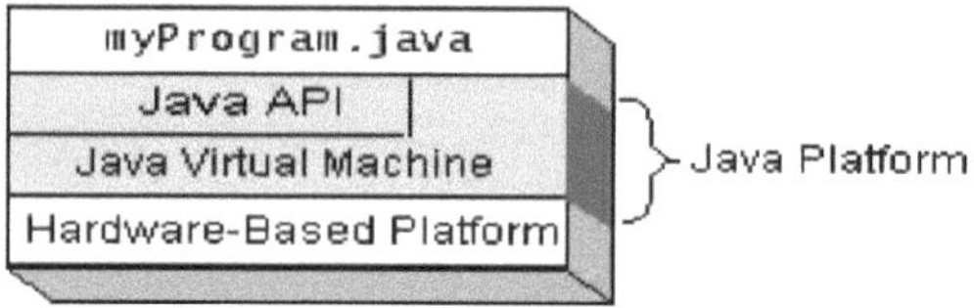

Fig. 7.1.2

O código nativo é o código que é executado numa plataforma de hardware específica após a compilação. Como se trata de um ambiente independente da plataforma, a plataforma Java pode ser ligeiramente mais lenta do que o código nativo. No entanto, os compiladores inteligentes, os intérpretes bem ajustados e os compiladores de bytecode just-in-time podem aproximar o desempenho do código nativo sem comprometer a portabilidade.

7.1.3 O que é que a tecnologia Java pode fazer?

Uma aplicação é um programa autónomo que funciona diretamente na plataforma Java. Um tipo especial de aplicação, conhecido como *servidor*, serve e apoia os clientes numa rede. Exemplos de servidores são os servidores Web, os servidores proxy, os servidores de correio eletrónico e os servidores de impressão. Outro programa especializado é um servlet. Um servlet pode ser quase considerado como um applet que é executado no lado do servidor. Os servlets Java são uma escolha popular para a criação de aplicações Web interactivas e substituem a utilização de scripts CGI. Os servlets são semelhantes aos applets, na medida em que são extensões de aplicações em tempo de execução. No entanto, em vez de funcionarem em browsers, os servlets são executados em servidores Web Java e configuram ou personalizam o servidor.

Como é que a API suporta todos estes tipos de programas? Fá-lo através de pacotes de componentes de software que oferecem uma vasta gama de funções. Cada implementação completa da plataforma Java oferece-lhe as seguintes funções:

- **O essencial**: Objectos, cadeias de caracteres, linhas, números, entrada e saída, estruturas de dados, propriedades do sistema, data e hora, etc.

- **Applets**: Um conjunto de convenções utilizadas por applets.

- **Redes**: URLs, tomadas TCP (Transmission Control Protocol), UDP (User Data Gram Protocol) e endereços IP (Internet Protocol).

- **Internacionalização**: Ajuda para escrever programas que podem ser localizados para utilizadores de todo o mundo. Os programas podem adaptar-se automaticamente a determinadas localidades e ser apresentados na língua correspondente.

- **Segurança**: Tanto de baixo como de alto nível, incluindo assinaturas electrónicas, gestão de chaves públicas e privadas, controlo de acesso e certificados.

- **Componentes de software**: Conhecidos como JavaBeans™, podem ser integrados em arquitecturas de componentes existentes.

- **Serialização de objectos**: permite uma persistência e comunicação ligeiras através da Invocação de Métodos Remotos (RMI).

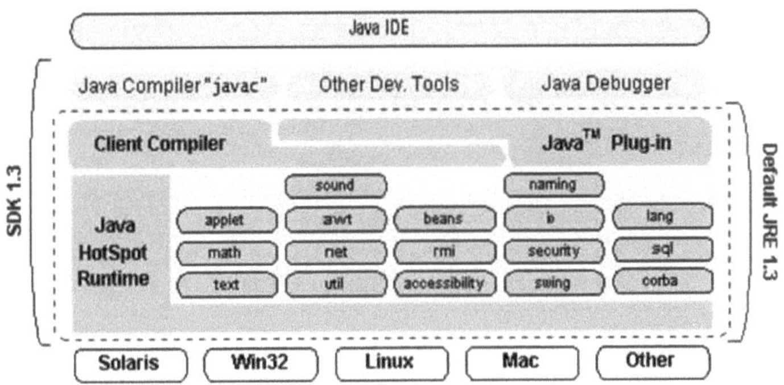

- **Fig. 7.1.3**

7.1.4 Ligação à base de dados Java (JDBC):

Fornece acesso normalizado a um grande número de bases de dados relacionais.

A plataforma Java também possui APIs para gráficos 2D e 3D, acessibilidade, servidor, colaboração, telefonia, fala, animação e muito mais. A figura seguinte mostra o que está incluído no Java 2SDK.

7.2 Ligação em rede

7.2.1 Pilha TCP/IP

A pilha TCP/IP é mais curta do que a pilha OSI:

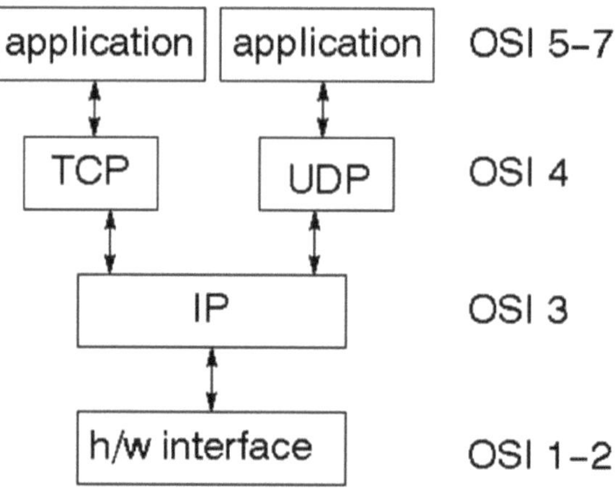

Fig. 7.2.1

O TCP é um protocolo orientado para a ligação; o UDP (User Datagram Protocol) é um protocolo sem ligação.

7.2.2 datagramas IP

A camada IP proporciona um sistema de transmissão sem ligação e não fiável. Considera cada datagrama independentemente dos outros. Cada conexão entre datagramas deve ser fornecida pelas camadas superiores. A camada IP fornece uma soma de controlo que contém o seu próprio cabeçalho. O cabeçalho contém o endereço de origem e de destino. A camada IP é responsável pelo encaminhamento através da Internet. É também responsável pela divisão de grandes datagramas em datagramas mais pequenos para transmissão e pela sua remontagem na outra extremidade.

7.2.3 TCP

O TCP fornece a lógica para um protocolo fiável orientado para a ligação sobre IP. Fornece um circuito virtual através do qual dois processos podem comunicar entre si.

Endereços Internet

Para poder utilizar um serviço, é necessário poder encontrá-lo. A Internet utiliza um esquema de endereços para os computadores, para que possam ser encontrados. O endereço é um número inteiro de 32 bits que especifica o endereço IP. Este codifica uma ID de rede e o endereçamento posterior. A ID de rede é classificada em diferentes classes, consoante o tamanho do endereço de rede.

Endereço de rede

A classe A utiliza 8 bits para o endereço de rede, deixando 24 bits para outro tipo de endereçamento. A classe B utiliza um endereçamento de rede de 16 bits. A classe C usa 24 bits para endereçamento de rede e a classe D usa todos os 32.

Endereço de sub-rede

Internamente, a rede UNIX está dividida em sub-redes. O Edifício 11 está atualmente localizado numa sub-rede e utiliza um endereçamento de 1O bits, o que permite 1O24 anfitriões diferentes.

Endereço do anfitrião

bits são usados para endereços de hosts dentro da nossa sub-rede. Isto limita o número de computadores na sub-rede a 256.

Fig. 7.2.2

Total address

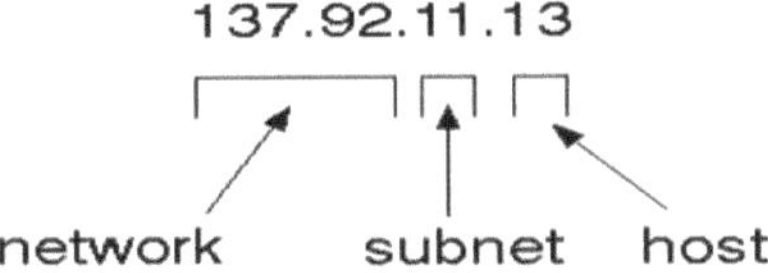

O endereço de 32 bits é normalmente escrito como 4 números inteiros separados por pontos.

Endereços portuários

Um serviço existe num anfitrião e é identificado pela sua porta. Este é um número de 16 bits. Para enviar uma mensagem a um servidor, envie-a para a porta deste serviço do anfitrião em que está a ser executado. Isto não é transparência de localização! Algumas destas portas são "bem conhecidas".

Um socket é uma estrutura de dados gerida pelo sistema para tratar as ligações de rede. Um socket é criado com a chamada socket. Este retorna um número inteiro que se assemelha a um descritor de ficheiro. No Windows, este identificador pode mesmo ser utilizado com as funções Read File e Write File.

#include <sys/types.h>

#include <sys/socket.h>

int socket(int family, int type, int protocol);

Neste caso, a "família" é AF_INET para comunicação IP, o protocolo é zero e o tipo depende do facto de ser utilizado TCP ou UDP. Dois processos que queiram comunicar através de uma rede criam um socket cada um. Estes são comparáveis a duas extremidades de um tubo - mas o tubo propriamente dito ainda não existe.

7.2.5 ODBC

O Microsoft Open Database Connectivity (ODBC) é uma interface de programação normalizada para os criadores de aplicações e fornecedores de sistemas de bases de dados. Antes de o ODBC se tornar uma norma de facto para os programas Windows se ligarem a sistemas de bases de dados, os programadores tinham de utilizar linguagens separadas para cada base de dados que quisessem utilizar.

para se ligar. Atualmente, o ODBC tornou a escolha do sistema de base de dados quase irrelevante do ponto de vista da programação, o que é bom. Os programadores de aplicações têm coisas muito mais importantes com que se preocupar do que a sintaxe necessária para transferir o seu programa de uma base de dados para outra quando os requisitos comerciais mudam subitamente.

Utilizando o Administrador ODBC no Painel de Controlo, é possível especificar a base de dados específica que está ligada a uma fonte de dados para a qual foi escrito um programa de aplicação ODBC. Pense numa fonte de dados ODBC como uma porta com um nome. Cada porta leva-o a uma base de dados específica. Por exemplo, a fonte de dados denominada Sales Figures pode ser uma base de dados SQL Server, enquanto a fonte de dados Accounts Payable pode apontar para uma base de dados Access. A base de dados física à qual uma fonte de dados se refere pode estar localizada em qualquer ponto da LAN.

Os ficheiros de sistema ODBC não são instalados no seu sistema pelo Windows 95. Em vez disso, são instalados quando se configura uma aplicação de base de dados separada, como o SQL Server Client ou o Visual Basic 4.0. Quando o ícone ODBC é instalado no Painel de Controlo, utiliza um ficheiro chamado ODBCINST.DLL. Também é possível gerir as suas fontes de dados ODBC utilizando um programa autónomo chamado ODBCADM.EXE. Existe uma versão de 16 bits e outra de 32 bits deste programa, cada uma das quais gere a sua própria lista de fontes de dados ODBC. Do ponto de vista da programação, a beleza do ODBC é que a aplicação pode ser escrita para utilizar as mesmas chamadas de função para fazer a interface com qualquer fonte de dados, independentemente do fornecedor da base de dados. O código-fonte da aplicação não muda se ela se comunica com o Oracle ou com o SQL Server. Mencionamos estes dois apenas a título de exemplo. Existem controladores ODBC para várias dezenas de sistemas de bases de dados comuns. Até as folhas de cálculo do Excel e os ficheiros de texto simples podem ser transformados em fontes de dados. O sistema operativo utiliza a informação de registo escrita pelo administrador ODBC para determinar que controladores ODBC de baixo nível são necessários para comunicar com a fonte de dados (por exemplo, a interface para o Oracle ou o SQL Server). O carregamento dos controladores ODBC é transparente para o programa de aplicação ODBC. Num ambiente cliente/servidor, a API ODBC trata mesmo de muitas das questões de rede para o programador da aplicação, e as vantagens deste sistema são tão numerosas que provavelmente pensa que deve haver um senão. A única desvantagem do ODBC é que não é tão eficiente como a comunicação direta com a interface nativa da base de dados. Muitos críticos acusaram o ODBC de ser demasiado lento. A Microsoft sempre afirmou que o fator decisivo para o desempenho é a qualidade do software do controlador utilizado. Na nossa humilde opinião, isto está correto. A disponibilidade de bons drivers ODBC melhorou muito nos últimos tempos. Além disso, criticar o desempenho é um pouco como dizer que os compiladores nunca atingirão a velocidade de uma linguagem assembly pura. Talvez não, mas o compilador (ou o ODBC) dá-lhe a possibilidade de escrever programas mais limpos, o que significa que termina mais depressa. Ao mesmo tempo, os computadores estão a ficar mais rápidos todos os anos.

7.2.6 JDBC

Num esforço para criar uma API normalizada de base de dados independente para Java, a Sun Microsystems desenvolveu o Java Database Connectivity, ou JDBC, abreviadamente. O JDBC fornece um mecanismo genérico de acesso a bases de dados SQL que proporciona uma interface normalizada para uma variedade de SGBDR. Esta interface normalizada é conseguida através da utilização de módulos ou *controladores* de ligação a bases de dados "plug-in". Se um fornecedor de banco de dados quiser suporte a JDBC, ele deve fornecer o driver para cada plataforma na qual o banco de dados e o Java são executados. Para obter uma adoção mais ampla do JDBC, a Sun construiu a estrutura JDBC sobre o ODBC. Como você já aprendeu neste capítulo, o ODBC é suportado numa variedade de plataformas. Como o JDBC é baseado no ODBC, os fornecedores podem trazer drivers JDBC para o mercado muito mais rápido do que se estivessem desenvolvendo uma solução de conetividade inteiramente nova.O JDBC foi anunciado em março de 1996. Foi lançado para um teste público de 90 dias, que terminou em 8 de junho de 1996. Com base nos contributos dos utilizadores, a especificação final JDBC v1.0 foi lançada pouco tempo depois.

O resto desta secção contém informações suficientes sobre JDBC para que saiba do que se trata e como utilizá-lo eficazmente. Esta não é, de forma alguma, uma visão geral completa do JDBC. Isso preencheria um livro inteiro.

7.2.6.1 Objectivos JDBC

Poucos pacotes de software são desenvolvidos sem um objetivo. O JDBC é um que impulsionou o desenvolvimento da API por causa de seus muitos objetivos. Esses objetivos, combinados com o feedback dos primeiros revisores, fizeram com que a biblioteca de classes JDBC se tornasse uma estrutura sólida para o desenvolvimento de aplicativos de banco de dados em Java.

Os objectivos que foram definidos para o JDBC são importantes. Eles dão uma ideia do porquê de certas classes e funções se comportarem da maneira que se comportam. Os oito objetivos de design para JDBC são os seguintes:

1. *SQLLevelAPI*

Os criadores consideraram que o seu principal objetivo era definir uma interface SQL para Java. Embora não seja o nível mais baixo de interface de base de dados, é suficientemente baixo para permitir o desenvolvimento de ferramentas e APIs de nível superior. Por outro lado, é suficientemente elevada para que os programadores de aplicações a possam utilizar com segurança. A consecução deste objetivo permitirá aos futuros fornecedores de ferramentas "gerar" código JDBC e ocultar muitas das complexidades JDBC do utilizador final.

2. *Conformidade SQL*

A sintaxe SQL varia de fornecedor de base de dados para fornecedor de base de dados. Num esforço para suportar uma variedade de fornecedores, o JDBC permite que cada instrução de consulta seja encaminhada para o controlador de base de dados subjacente. Isto permite que o módulo de conetividade trate funções não normalizadas de uma forma conveniente para os utilizadores.

3. *O JDBC deve ser implementado nas interfaces comuns de bases de dados*

A API SQL JDBC deve ser "baseada" noutras API SQL comuns. Este objetivo permite que o JDBC utilize os drivers ODBC existentes através de uma interface de software. Esta interface traduziria as chamadas JDBC em chamadas ODBC e vice-versa.

4. *Fornecimento de uma interface Java que seja coerente com o resto do sistema Java*

Devido à aceitação de Java na comunidade de utilizadores até à data, os criadores são da opinião de que não se devem desviar da atual conceção do sistema principal de Java.

5. *Manter a simplicidade*

Este objetivo aparece provavelmente em todas as listas de objectivos de conceção de software. O JDBC não é exceção. A Sun acreditava que o design do JDBC deveria ser muito simples e permitir apenas um método de execução de uma tarefa por mecanismo. Permitir funções duplicadas apenas confunde os utilizadores da API.

6. *Utilização de tipagem forte e estática sempre que possível*

A tipagem forte permite uma maior verificação de erros em tempo de compilação; além disso, ocorrem menos erros em tempo de execução.

7. *Simplificar os casos habituais*

Como as chamadas SQL normalmente utilizadas pelo programador são simples SELECTs, INSERTs, DELETEs e UPDATEs, estas consultas devem ser fáceis de efetuar com JDBC. No entanto, também devem ser possíveis instruções SQL mais complexas.

CAPÍTULO 8

COMPUTAÇÃO EM FOG: INTRODUÇÃO E EXAME 8.1 Introdução:

A implementação do sistema é a fase do projeto em que a conceção teórica é transformada num sistema funcional. A fase mais crítica é conseguir um sistema bem sucedido e dar ao utilizador a confiança de que o novo sistema funcionará de forma eficiente e eficaz.

O sistema existente era um processo moroso. O sistema proposto foi desenvolvido utilizando Java Swing. O sistema existente causava um processo de transferência moroso, mas o sistema agora desenvolvido tem uma ferramenta muito boa e de fácil utilização que tem uma interface baseada em menus, uma interface gráfica para o utilizador final.

Após a codificação e o teste, o projeto deve ser instalado no sistema necessário. O ficheiro executável deve ser criado e carregado no sistema. Também aqui, o código é testado no sistema instalado. A instalação do código desenvolvido no sistema sob a forma de um ficheiro executável é a implementação.

8.2 Exame

8.2.1 Objetivo da auditoria

O objetivo dos testes é descobrir erros. Os testes tentam descobrir todos os erros ou pontos fracos concebíveis num produto de trabalho. Proporciona uma forma de verificar a funcionalidade de componentes, subconjuntos, conjuntos e/ou um produto acabado. É o processo de testar software com o objetivo de garantir que o sistema de software cumpre os seus requisitos e as expectativas do utilizador e não falha de forma inaceitável. Existem diferentes tipos de testes. Cada tipo de teste é concebido para cumprir um requisito de teste específico.

8.3 TIPOS DE TESTES

8.3.1 ENSAIOS NORMALIZADOS

Os testes unitários incluem a conceção de casos de teste que verificam se a lógica interna

Funções do programa funciona corretamente e se o input do programa gera um output válido. Todos os ramos de decisão e o fluxo de código interno devem ser validados. Trata-se do teste de unidades de software individuais da aplicação. É efectuado após a conclusão de uma única unidade, antes da integração. Trata-se de um teste estrutural baseado no conhecimento da conceção e é invasivo. Os testes unitários efectuam testes básicos ao nível dos componentes e testam um processo comercial, uma aplicação e/ou uma configuração de sistema específicos. Os testes unitários garantem que cada caminho individual de um processo empresarial funciona exatamente de acordo com as especificações documentadas e contém entradas claramente definidas e resultados esperados.

8.3.2 ENSAIO DE INTEGRAÇÃO

Os testes de integração são utilizados para testar componentes de software integrados para determinar se funcionam efetivamente como um único programa. Os testes são orientados para eventos e estão mais preocupados com o resultado básico dos ecrãs ou campos. Os testes de integração mostram que, embora os componentes sejam satisfatórios individualmente, como demonstrado por testes unitários bem sucedidos, a combinação de componentes é correta e consistente. Os testes de integração têm como objetivo específico descobrir os problemas causados pela combinação de componentes.

8.3.3 TESTE DE FUNÇÃO

Os testes funcionais fornecem provas sistemáticas de que as funções testadas estão disponíveis de acordo com os requisitos comerciais e técnicos, a documentação do sistema e os manuais do utilizador.

O teste funcional incide sobre os seguintes pontos:

Entradas válidas   : As classes identificadas de entradas válidas devem ser aceite.

Entradas inválidas: certas categorias de entradas inválidas devem ser rejeitadas.

As funções identificadas devem ser executadas.

Output   : classes identificadas de outputs de aplicações deve ser exercida.

Sistemas/processos: Os sistemas ou processos de interface devem ser activados.

A organização e a preparação dos testes funcionais centram-se nos requisitos, nas funções-chave ou em casos de teste específicos. Para além disso, deve ser considerada uma cobertura sistemática em termos de identificação de fluxos de processos empresariais, campos de dados, processos predefinidos e processos sequenciais para teste. Antes da finalização dos testes funcionais, são identificados testes adicionais e é determinado o valor efetivo dos testes actuais.

8.3.4 VERIFICAÇÃO DO SISTEMA

Os testes de sistema garantem que todo o sistema de software integrado cumpre os requisitos. Uma configuração é testada para garantir resultados conhecidos e previsíveis. Um exemplo de teste de sistema é o teste de integração de sistema orientado para a configuração. Os testes de sistema baseiam-se em descrições e sequências de processos, centrando-se em ligações e pontos de integração de processos pré-controlados.

8.3.5 TESTES DE CAIXA BRANCA

O teste de caixa branca é um teste em que o testador de software conhece o funcionamento interno, a estrutura e a linguagem do software, ou pelo menos o seu objetivo. É utilizado para testar áreas que não podem ser alcançadas ao nível da caixa negra.

8.3.6 TESTES DE CAIXA PRETA

Os testes de caixa negra são testes de software sem conhecimento do funcionamento interno, da estrutura ou da língua do módulo em teste. Os testes de caixa negra, como a maioria dos outros tipos de testes, devem ser escritos com base num documento de origem final, como uma especificação ou um documento de requisitos. Trata-se de um teste em que o software em teste é tratado como uma caixa negra que não pode ser "vista de dentro". O teste fornece inputs e reage aos outputs sem ter em conta o funcionamento do software.

CAPÍTULO 9

CONCLUSÕES

Conclusão e trabalho futuro

Apresentámos uma abordagem para fornecer tolerância a falhas de forma transparente a aplicações implementadas em instâncias de máquinas virtuais. Em particular, apresentámos uma abordagem para concretizar mecanismos genéricos de tolerância a falhas como módulos independentes, validar as propriedades de tolerância a falhas de cada mecanismo e combinar os requisitos do utilizador com os módulos de tolerância a falhas disponíveis para obter uma solução abrangente com as propriedades desejadas. A abordagem proposta, em combinação com o nosso esquema de implementação, permite que um fornecedor de serviços forneça suporte de tolerância a falhas a longo prazo às aplicações dos seus clientes. Além disso, desenvolvemos um quadro que permite ao fornecedor de serviços integrar o seu sistema na infraestrutura FOG existente e fornece a base para a implementação genérica da nossa abordagem para fornecer tolerância a falhas como um serviço. Os componentes da nossa estrutura podem ser alargados para melhorar a resiliência global da infraestrutura FOG. O nosso trabalho futuro centrar-se-á principalmente na implementação do quadro para medir a força do serviço de tolerância a falhas e efetuar uma análise aprofundada dos benefícios em termos de custos para todas as partes interessadas.

CAPÍTULO 10

APÊNDICE

10.1 Exemplo de código fonte

10.1.1 Início de sessão do utilizador

```
importjavax.swing.*;

importjavax.swing.JOptionPane;

import java.io.*;

import java.net.*;

importjava.sql.*;

importjava.awt.*;

importjava.awt.event.*;

importjava.util.*;


public class Userlogin extends JFrame
{

        privateJLabel jLabel1;
        privateJLabel jLabel2,jl;
        privateJLabel jLabel3;
        privateJLabel jLabel5;
```

```java
public static JTextField jTextField1;
privateJPasswordField jPasswordField1;
privateJButton jButton1;
privateJButton jButton2;
privateJPanelcontentPane;
public static String s1,s2;
String doornode;


publicUserlogin()
{
    super();
    initializeComponent();
    this.setVisible(true);
    this.setResizable(false);

}


private void initializeComponent()
{
```

```java
setDefaultCloseOperation(JFrame.EXIT_ON_CLOSE);
jLabel1 = new JLabel();
jLabel2 = new JLabel();
jLabel3 = new JLabel();
jl=new JLabel();
jLabel5 = new JLabel();
jTextField1 = new JTextField();
jPasswordField1 = new JPasswordField();
jButton1 = new JButton(new
ImageIcon("images//button_login.gif"));
        jButton2 = new JButton(new ImageIcon("images//xy-
register-button.png"));


        jButton1.setFont(new Font("Comic Sans
MS",Font.PLAIN,20));
        jButton2.setFont(new Font("Comic Sans
MS",Font.PLAIN,20));
        jLabel1.setFont(new Font("Comic Sans
MS",Font.PLAIN,18));
```

```java
        jLabel2.setFont(new Font("Comic Sans
MS",Font.PLAIN,18));
        jTextField1.setFont(new Font("Comic Sans
MS",Font.PLAIN,18));

        contentPane = (JPanel)this.getContentPane();

        // jLabel3
        //
        jLabel3.setIcon(new
ImageIcon("images//computer.jpg"));

        jLabel1.setText("User Name");
        jLabel1.setForeground(new Color(105, 105, 205));

        jLabel2.setText("Password");
        jLabel2.setForeground(new Color(105, 105, 205));

        jl.setText("Sender Sign In");
        jl.setFont(new Font("Copperplate Gothic
Bold",Font.PLAIN,15));
```

jl.setForeground(new Color(255, 255, 255));

jl.setHorizontalAlignment(SwingConstants.CENTER);

10.2 Capturas de ecrã

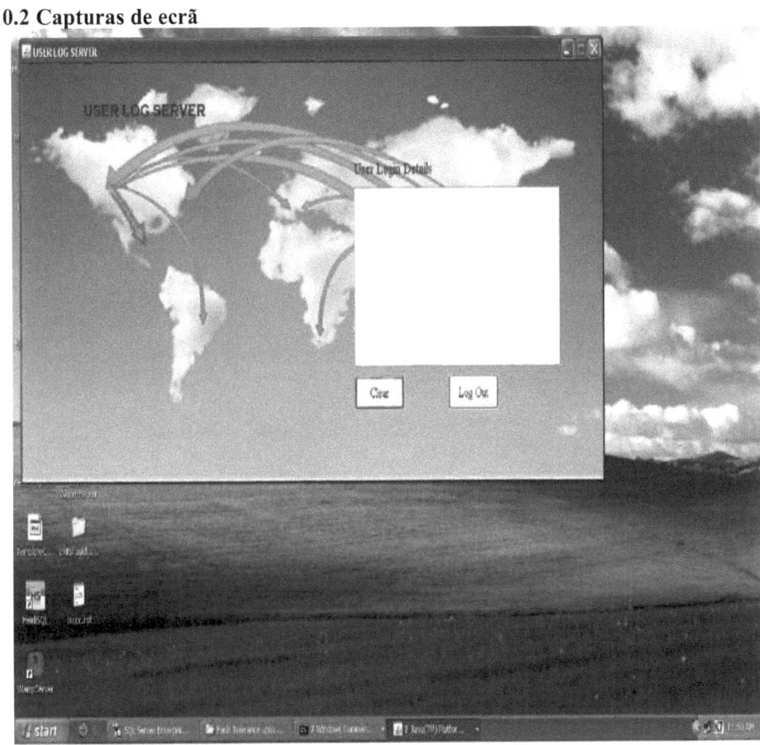

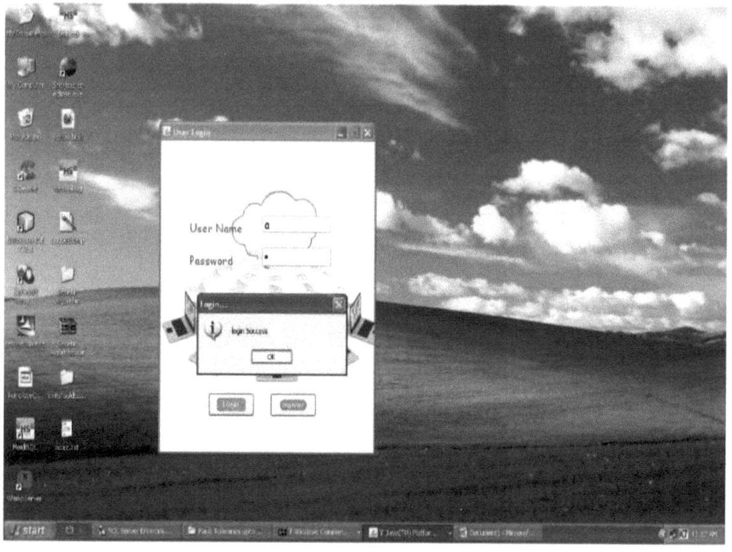

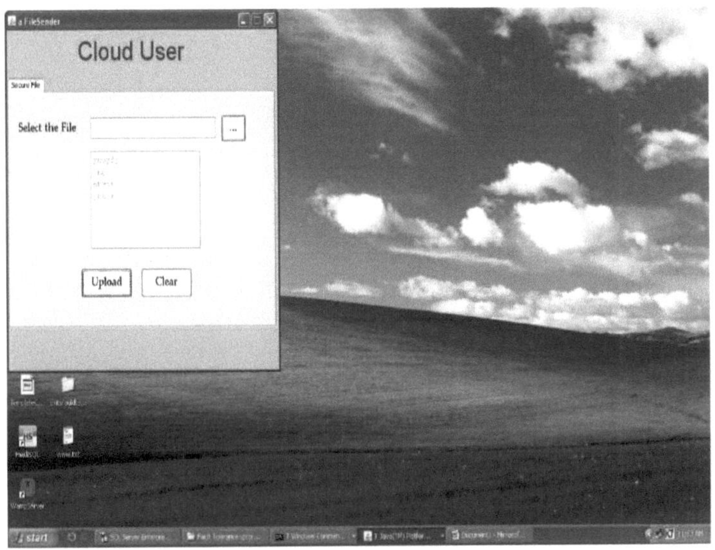

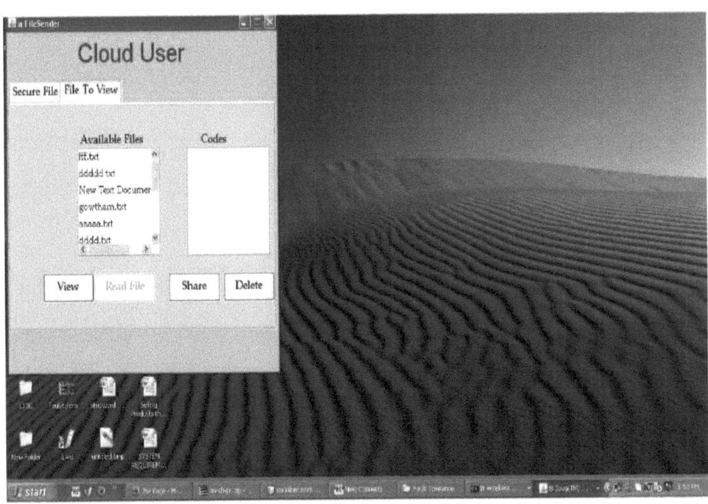
Cloud User
Secure File File To View
Available Files
Codes
fff.txt
ddddd.txt
New Text Documen
gowtham.txt
aaaaa.txt
ddddd.txt
View   Read File   Share   Delete

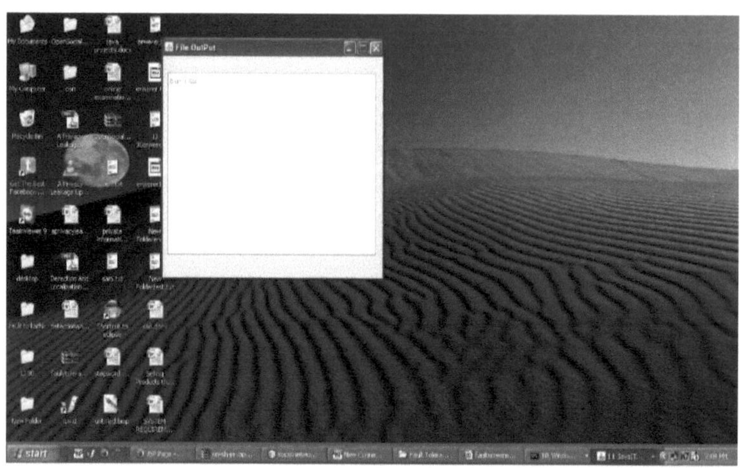

a FileSender
Cloud User
Secure File   File To View
Available Files   Codes
cocococo.txt
34.txt
StopWords.txt
url.txt
View   Read File   Share   Delete

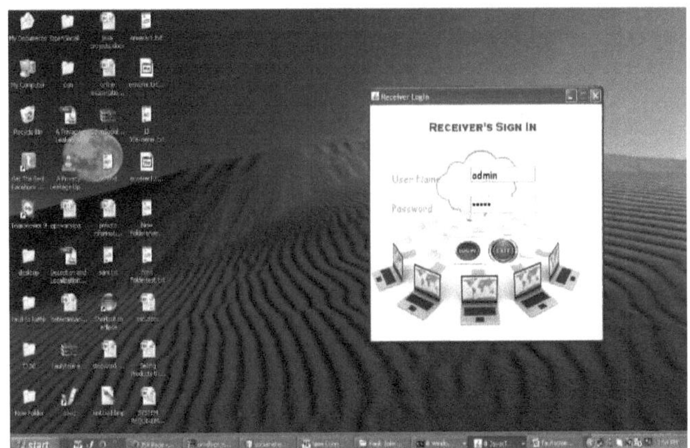
Receiver Login
RECEIVER'S SIGN IN
User Name
admin
Password

Code
Code 2842428538

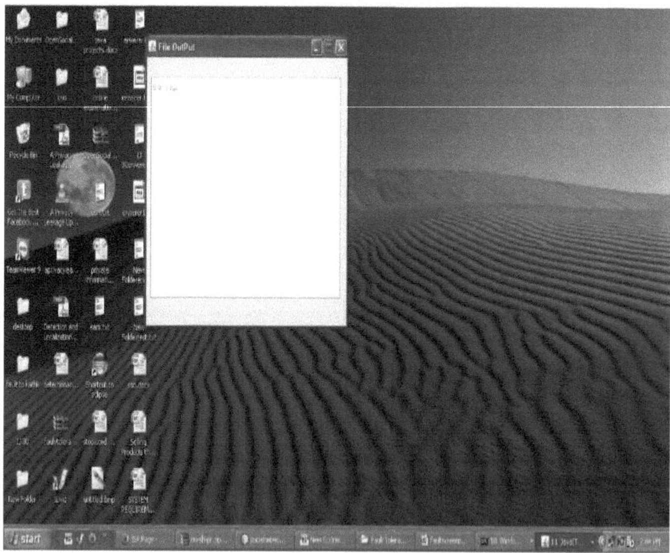
File OutPut

REFERÊNCIAS

1. K. V. Vishwanath e N. Nagappan, "Caracterização da fiabilidade do hardware de computação FOG", em *Proc. 1st ACM Symp. FOG Comput.* 2010.

2. R. Jhawar, V. Piuri e M. D. Santambrogio, "A comprehensive concetual system-level approach to fault tolerance in FOG computing," in *Proc. IEEE Int. Syst. Conf.*, Mar. 2012.

3. W. Zhao, P. M. Melliar-Smith e L. E. Moser, "Fault tolerance middleware for FOG computing," in *Proc. 3rd Int. Conf. FOG Comput.*", Jul. 2010.

4. Y. Mao, C. Liu, J. E. van der Merwe e M. Fernandez, "FOG resource orchestration: A data-centric approach", em *Proc. 5th Biennial Conf. Innovative Data Syst. Res.*, 2011.

5. G. Koslovski, W.-L. Yeow, C. Westphal, T. T. Huu, J. Montagnat, e P. Vicat-Blanc, "Reliability support in virtual infrastructures," in *Proc.IEEE 2nd Int. Conf. FOG Comput. Technol. Sci.* ,Nov. 2010.

6. S. De Capitani di Vimercati, S. Foresti, S. Jajodia, S. Paraboschi, G. Pelosi, e P. Samarati, "Encryption-based policy enforcement for FOG storage," in *Proc. 30th Int. Conf. Distributed Comput. Syst. Workshop*, 2010.

7. P. Samarati e S. De Capitani di Vimercati, "Data protection in outsourcing scenarios: Issues and diretions," in *Proc. 5th ACMSymp.Inform. Comput. Comun. Segurança*, 2010

8. C. A. Ardagna, E. Damiani, R. Jhawar, e V. Piuri, "A modelbased approach to reliability certification of services," in *Proc. 6thIEEE Int. Conf. Digit. Ecosyst. Technol.*", Jun. 2012.

Indice

More Books!

I want morebooks!

Buy your books fast and straightforward online - at one of world's fastest growing online book stores! Environmentally sound due to Print-on-Demand technologies.

Buy your books online at
www.morebooks.shop

Compre os seus livros mais rápido e diretamente na internet, em uma das livrarias on-line com o maior crescimento no mundo! Produção que protege o meio ambiente através das tecnologias de impressão sob demanda.

Compre os seus livros on-line em
www.morebooks.shop

info@omniscriptum.com
www.omniscriptum.com

Printed by Books on Demand GmbH, Norderstedt / Germany